No nā keiki a me nā kūpuna.

He moʻolelo kēia no kekahi ʻiole.

Ka Moʻolelo o ka Heʻe a me ka ʻIole
The Octopus and Rat Story

Retold, Photographed and Illustrated by
Alaura Estrella
Julian Estrella
Tytus Estrella
Jane Ann Estrella
Jenny Estrella
Ray Kaimana Estrella

Hawaiian Language by
Presley Keʻalaanuhea Ah Mook Sang

A Halepili.com Production

E kipa mai iā mākou ma Halepili.com no ka wehewehe 'ana i kā mākou mau papahana.

Nā puke 'ē a'e:

'Ōpae Ē, the Story

Ku'u I'a 'Ewalu Ona Lima

Pā'ani Pūnaewele no Android & iOS:

He'e and 'Iole

He ʻiʻini nui kona e holo aku ai i ka moku, ʻo ia hoʻi ʻo Mokoliʻi.

Ho'omaka ihola 'o ia e hele wāwae i Kualoa,
kahi kokoke i ua moku nei.

3

Hiki maila ka ʻiole a ʻike akula nō ia ʻo ia iā
Kānehoalani. Hea aku ʻo ia i ka nuʻu o ia pali,
"E Kānehoalani ē, aloha kāua".

I kona hiki ʻana mai i kahakai, ua piʻi mai nā nalu a he pikipikiʻō ke ʻike aku.

No laila, noho wale ʻo ia ma ke one me ka manaʻo;
ʻAʻole paha ʻo ia e hiki ana i Mokoliʻi

lā ia e noho nei, ʻike akula ka ʻiole i kekahi mea ma ke kai.

Ma kāna nānā mua, manaʻo ʻo ia he mea ʻole ia akā i kona nānā hou, he maka ko ia mea a he mau ʻawe kona, he ʻewalu paha lākou.

Hāpai ʻia ua mea nei e kekahi nalu nui a i ka
poʻi ʻana o ka nalu ua waiho ia ʻo ia ma mua
pono o ka ʻiole. I ka nioke ʻana o ka nalu, ʻike
aku ka ʻiole, he heʻe nō ia!

9

Nīnau akula ka heʻe i ka ʻiole, "pono paha
ke kōkua iā ʻoe no ka hele ʻana i Mokoliʻi?"
Kūnou aku ka ʻiole me ka minoʻaka a kau ʻo
ia ma luna o ko ka heʻe poʻo.

He mea 'ole ke kai ko'o i ka he'e akā, ma muli o ka ma'a 'ole a ka 'iole i ke 'ano o ke kai; ua uwā 'o ia i ka pi'i a me ka ihona o nā nalu.

O kekahi o ia mau nalu, he nui 'ino kona
ki'eki'e a he ikaika nō 'o ia no laila, hā'ule ka
'iole mai ke po'o o ka he'e. Hopu wikiwiki ka
he'e i ka 'iole me kona 'awe.

'O ia mau nō a 'ane'ane hiki maila lāua i Mokoli'i...

Iā lāua i hiki aku ai i laila, lele koke ka ʻiole
i kapakai me ka mahalo nui ʻana i ia ʻāina
aloha nui ʻia.

Haʻalele koke ka ʻiole me ka leo mahalo "E ia
ala, mahalo a nui no ke kōkua! Ua waiho aku
au i kekahi makana ma luna o kou poʻo."

Piha ka he'e i ka hau'oli a 'imi 'o ia no ka
makana me kona lima.

He aha ia?

He palupalu a he mehana..

Alia... a.. a... e honi ana au iā ia. AUĒ! He aha la kēia?!

Kū ka heʻe i ka huhū i kona ʻike ʻana i ka makana a ka ʻiole i waiho aku ai.

Uō aku ka heʻe i ka ʻiole me ka ʻōlelo "E akahele ʻoe, ua kū hoʻi kāu hana i ka mākaia a e mākaia ʻia ana ʻoe!"

Eia kā, lohe ʻia kona leo e kekahi lawaiʻa a na
ka lawaiʻa i waiho aku i kekahi makana kohu
like me he ʻiole ala.

Mai ia manawa a hiki i kēia lā, ʻaʻole i kala aku ka heʻe i ka ʻiole.

Pipi holo ka ao.

E Nānā Mai

Intro - A7   D7   G

G   G
E nānā mai i ka mauna
A7   A7
I ka mauna kiʻekiʻe
D7   G   D7
Eia kākou ma Kānehoalani ē

E nānā mai iā Kualoa
Kualoa kahi o Mokoliʻi
Hele kākou a ʻaukai i laila ē

E nānā mai i nā nalu
Nā nalu nāna i makaʻu
Waiho ka ʻiole i makana palupalu ē

E nānā mai i ke poʻo
I ke poʻo nui o ka heʻe
Kū ka heʻe i ka huhū e akahele ē

E nānā mai he lawaiʻa
He lawaiʻa e ʻono i nā iʻa
Eia ka moʻolelo no ka heʻe a me ka ʻiole ē

Visit halepili.com for a sing-a-long!

Written for the moʻolelo Heʻe and ʻIole: Octopus and Rat. This
tells a story of the relationship between the heʻe and ʻiole.
Here is a mele ʻāina of Kualoa in the moku of Koʻolaupoko.
Kāneʻohe, Oʻahu – Copyright – March 19, 2016

Lyrics by Presley Ah Mook Sang
Music by Raymond Kaimana Estrella
Produced by Halepili.com

*H*alepili is a family that decided to embark on a journey of passion. Exploring and learning through moʻolelo and the knowledge of our ancestors while learning to express and sustain ourselves through art and homemade ʻike-based products. This thirst for adventure carved out an environment that has supported our family growth, enabling one of our greatest passions, the sharing of moʻolelo through puppet shows, thus, strengthening our pilina me ʻoukou. Feel free to contact us through **halepili.com**, we would love to expand our personal hale (house) pili (connection), or as we call it - a Hawaiian schoolhouse, with all our ʻohana ma kēia honua nei.

Want to support or learn more about our Hawaiian Schoolhouse?

find out more at

Halepili.com

have fun visiting our growing library...mahalo nui!

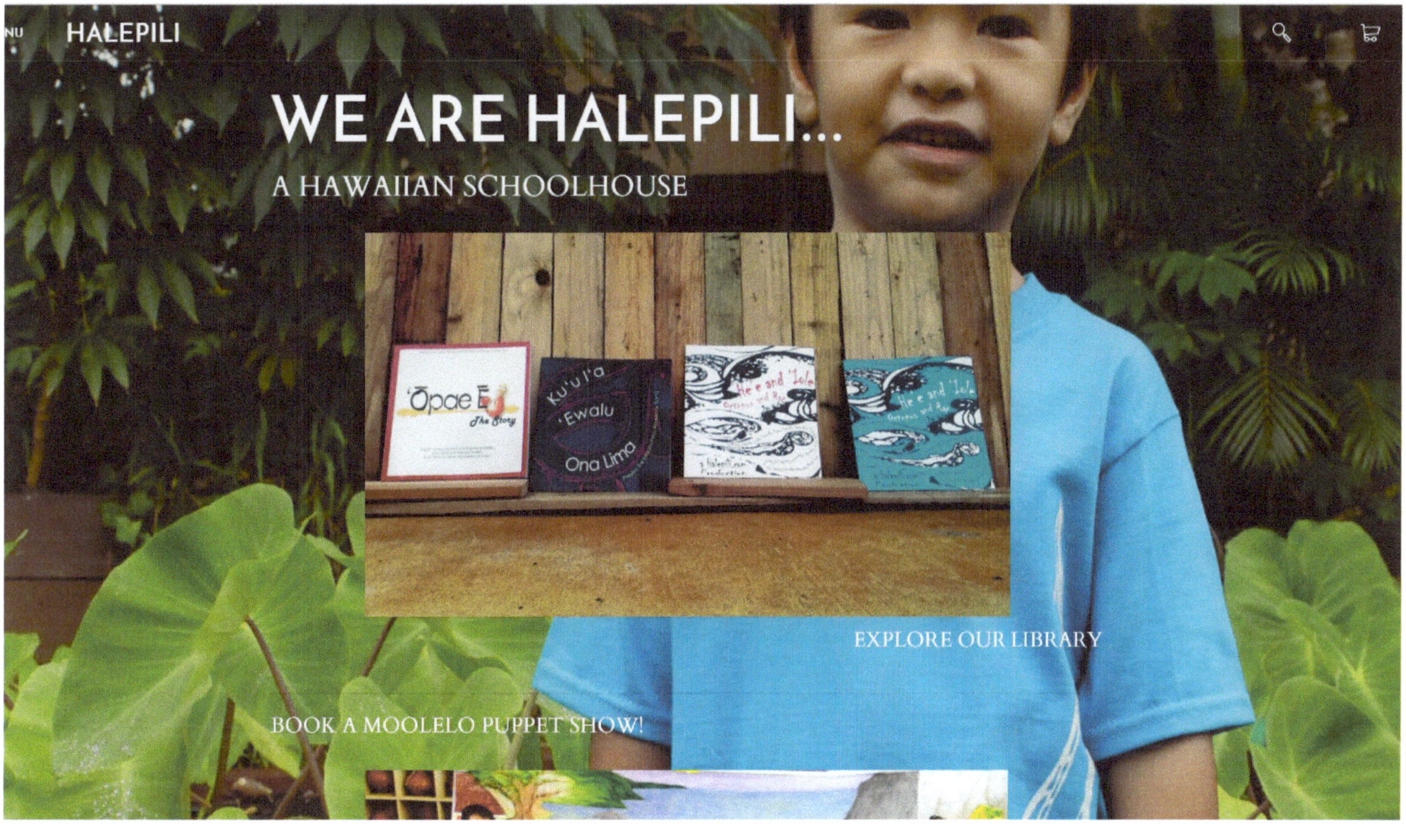
NU
HALEPILI
WE ARE HALEPILI...
A HAWAIIAN SCHOOLHOUSE
EXPLORE OUR LIBRARY
BOOK A MOOLELO PUPPET SHOW!

'Ōpae Ē
The Story
Ku'u I'a
'Ewalu
Ona Lima
He'e and 'Iole
Octopus and Rat
a Halepili.com
Production

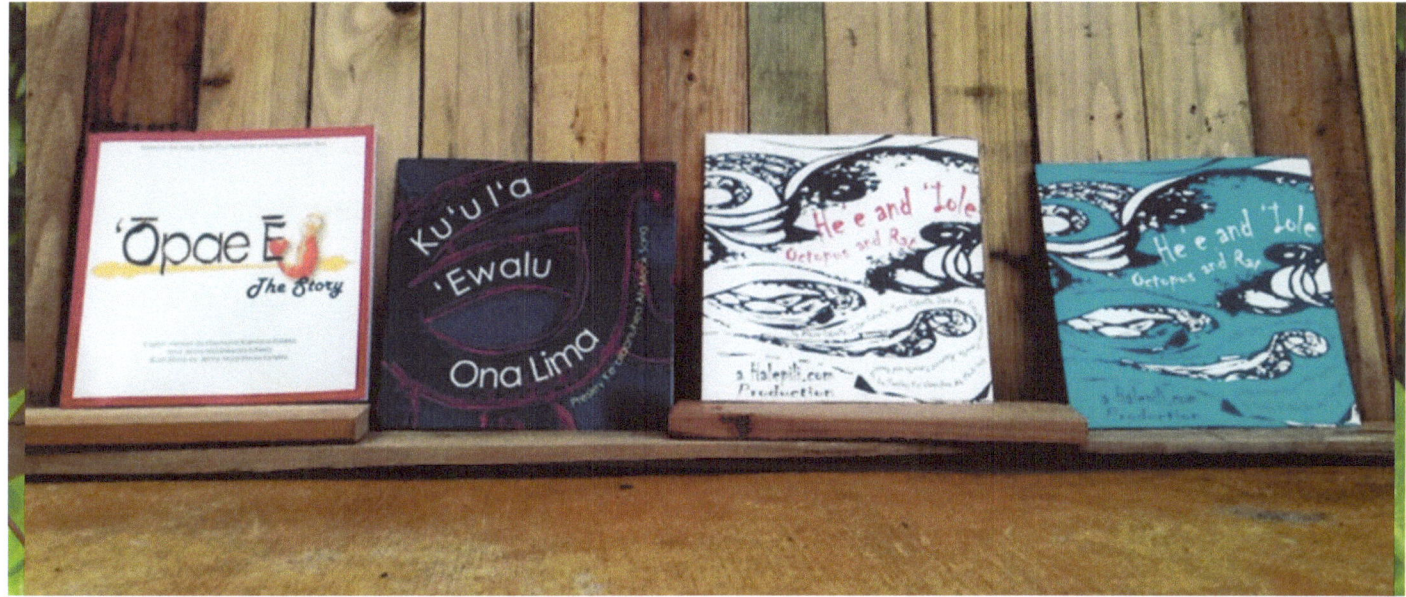